Sagrada Família

Elam de Almeida Pimentel

Sagrada Família

Para a proteção do lar

Novena e ladainha

EDITORA VOZES

Petrópolis

© 2011, Editora Vozes Ltda.
Rua Frei Luís, 100
25689-900 Petrópolis, RJ
Internet: http://www.vozes.com.br
Brasil

2ª edição, 2014.

Todos os direitos reservados. Nenhuma parte desta obra poderá ser reproduzida ou transmitida por qualquer forma e/ou quaisquer meios (eletrônico ou mecânico, incluindo fotocópia e gravação) ou arquivada em qualquer sistema ou banco de dados sem permissão escrita da editora.

Diretor editorial
Frei Antônio Moser

Editores
Aline dos Santos Carneiro
José Maria da Silva
Lídio Peretti
Marilac Loraine Oleniki

Secretário executivo
João Batista Kreuch

Editoração: Fernando Sergio Olivetti da Rocha
Projeto gráfico: Sheilandre Desen. Gráfico
Capa: Omar Santos

ISBN 978-85-326-4218-9

Editado conforme o novo acordo ortográfico.

Este livro foi composto e impresso pela Editora Vozes Ltda.

Sumário

1 Apresentação, 7
2 Devoção à Sagrada Família, 8
3 Novena da Sagrada Família, 9
   1º dia, 9
   2º dia, 10
   3º dia, 12
   4º dia, 13
   5º dia, 14
   6º dia, 16
   7º dia, 17
   8º dia, 18
   9º dia, 20
4 Orações à Sagrada Família, 22
5 Ladainha da Sagrada Família, 26
6 Terço da família, 30

Apresentação

A Sagrada Família é um símbolo religioso muito importante para nós, cristãos. Composta por Jesus, Maria e José, a Sagrada Família cultiva o respeito, a união, o diálogo, a compreensão e a oração no lar.

Segundo o Papa João Paulo II, "é na Sagrada Família, nesta originária Igreja doméstica, que todas as famílias devem espelhar-se – ela constitui, portanto, o protótipo e o exemplo de todas as famílias cristãs".

Quem precisa alcançar graças pode pedir ajuda para os três poderosos símbolos de religiosidade: Jesus, Maria e José.

Este livrinho contém a novena, as orações e a ladainha da Sagrada Família. Durante os dias da novena, os devotos refletirão sobre passagens bíblicas, seguidas de uma oração para o pedido da graça especial, acompanhada de um Pai-nosso, uma Ave-Maria e um Glória-ao-Pai.

Devoção à Sagrada Família

A Sagrada Família é representada por Jesus, Maria e José. Maria era uma pessoa simples, obediente, que aceitou ser a Mãe do Salvador. É o símbolo de dedicação e esperança. Ela é o modelo de mãe perfeita.

José, homem trabalhador e justo, também era muito religioso. Aceitou sua missão de ser o pai adotivo de Jesus, compreendendo a gravidez de Maria, anunciada pelo Anjo Gabriel. Ele ficou conhecido como o "guardião dos lares" e "dos trabalhadores".

Jesus é nosso maior exemplo de entrega, amor e dedicação ao próximo.

Somente o amor pleno e puro da família de Jesus pode ajudar as famílias, nos dias de hoje, a enfrentar as dificuldades, vencendo os obstáculos.

Por isso, orar à Sagrada Família é uma das melhores formas de receber as graças de Maria, José e do Menino Jesus.

Novena da Sagrada Família

1º dia

Iniciemos com fé este primeiro dia de nossa novena, invocando a presença da Santíssima Trindade: em nome do Pai, do Filho e do Espírito Santo. Amém.

Leitura bíblica: Gn 1,28
> E Deus os abençoou e lhes disse: "Sede fecundos e multiplicai-vos, enchei a terra e submetei-a".

Reflexão

Esta passagem bíblica nos leva a refletir sobre o dom da vida que recebemos de Deus e a responsabilidade sobre a constituição de uma família onde o amor dos pais e de seus filhos deve ser fundamental. Da união do homem e da mulher nasce uma vida, e esta vida precisa de amor, e Deus nos abençoou com o dom do amor para que possamos amar uns aos outros. Oremos à Sagrada Família, pedindo sua intercessão para que haja união, compreensão e amor em nossa família.

Oração
Jesus, Maria e José, dai a minha família paz, união, harmonia, amor, alegria. A vós, Sagrada Família, vos peço esta graça... (fazer o pedido) e tenho a certeza de alcançá-la.

Pai-nosso.

Ave-Maria.

Glória-ao-Pai.

Jesus, Maria e José, dou-vos meu coração e a minha alma.

Jesus, Maria e José, minha família vossa é.

2º dia

Iniciemos com fé este segundo dia de nossa novena, invocando a presença da Santíssima Trindade: em nome do Pai, do Filho e do Espírito Santo. Amém.

Leitura bíblica: Gn 2,24

Por isso deixará o homem o pai e a mãe e se unirá à sua mulher e se tornarão uma só carne.

Reflexão

Ao nos tornar adultos deixamos nossos pais e vamos constituir nossa família, seguindo a citação acima. Ao deixar nossa família de origem, levamos os ensinamentos recebidos por nossos pais e continuamos a nutrir nosso amor por eles.

Oração

Sagrada Família de Nazaré, ajudai-me a promover em minha família os sentimentos e propósitos de união, amor, perseverança. Dai-me força e coragem para vencer os momentos de desespero e alcançai-me a graça que a vós suplico... (fazer o pedido).

Pai-nosso.

Ave-Maria.

Glória-ao-Pai.

Jesus, Maria e José, dou-vos meu coração e a minha alma.

Jesus, Maria e José, minha família vossa é.

3º dia

Iniciemos com fé este terceiro dia de nossa novena, invocando a presença da Santíssima Trindade: em nome do Pai, do Filho e do Espírito Santo. Amém.

Leitura bíblica: Rm 12,21
> Não te deixes vencer pelo mal, mas triunfa do mal com o bem.

Reflexão

Vivemos em uma época de muita violência, drogas, corrupção, armadilhas que podem afetar nossos filhos, levando-os para o caminho do mal. Oremos à Sagrada Família pedindo sua intercessão para a preservação em nossa família dos valores recomendados por Jesus.

Oração

Jesus, Maria e José, não deixeis que o mal nos vença. Acolhei minha família, protegendo-a do mal e obtende-me a graça que a vós suplico... (falar a graça que se deseja alcançar).

Pai-nosso.

Ave-Maria.

Glória-ao-Pai.

Jesus, Maria e José, dou-vos meu coração e a minha alma.

Jesus, Maria e José, minha família vossa é.

4º dia

Iniciemos com fé este quarto dia de nossa novena, invocando a presença da Santíssima Trindade: em nome do Pai, do Filho e do Espírito Santo. Amém.

Leitura do Evangelho: Jo 14,13-14

> O que pedirdes em meu nome eu o farei, para que o Pai seja glorificado no Filho. Se me pedirdes alguma coisa em meu nome, eu o farei.

Reflexão

A passagem do Evangelho nos mostra que, com fé e humildade, podemos pedir a Deus em oração, na certeza de que seremos ouvidos e atendidos.

Oração

Jesus, Maria e José, vós que sois onipotentes, socorrei-me em minha necessidade... (pedir a graça que se deseja alcançar).

Pai-nosso.

Ave-Maria.

Glória-ao-Pai.

Jesus, Maria e José, dou-vos meu coração e a minha alma.

Jesus, Maria e José, minha família vossa é.

5º dia

Iniciemos com fé este quinto dia de nossa novena, invocando a presença da Santíssima Trindade: em nome do Pai, do Filho e do Espírito Santo. Amém.

Leitura do Evangelho: Lc 10,5-6

> Em qualquer casa onde entrardes, dizei primeiro: "A paz esteja nesta casa". Se houver ali uma pessoa de paz, repousará sobre ela vossa paz; se não houver, voltará para vós...

Reflexão

Bênçãos são derramadas sobre aqueles que honram e invocam Jesus e seus pais. Por isso, mencionemos sempre as palavras de Jesus: "a paz esteja nesta casa, pois o lar é o abrigo físico da família, onde ocorrem as relações humanas e é o local onde as relações humanas transcendem o espaço físico e o lar torna-se, então, o templo de Deus, onde Ele está no meio da família".

Oração

Jesus, Maria e José, acolhei e santificai o meu lar. Que, pela fé, oração, amor, união e respeito, façamos de nossa moradia uma igreja, onde Deus habite conosco. Sagrada Família, socorrei-me neste difícil momento de minha vida...

Pai-nosso.

Ave-Maria.

Glória-ao-Pai.

Jesus, Maria e José, dou-vos meu coração e a minha alma.

Jesus, Maria e José, minha família vossa é.

6º dia

Iniciemos com fé este sexto dia de nossa novena, invocando a presença da Santíssima Trindade: em nome do Pai, do Filho e do Espírito Santo. Amém.

Leitura bíblica: Rm 12,12
> Sede alegres na esperança, pacientes no sofrimento e perseverantes na oração.

Reflexão

A família é de fundamental importância na formação do ser humano. Nela se aprende a ter fé, esperança, paciência e humildade necessárias para orar, pedindo a Deus proteção a nós e a nossos familiares.

Oração

Jesus, Maria e José, acolhei minha família. Dai-nos coragem nas lutas, conformidade nos sofrimentos e fazei com que sejamos sempre perseverantes na oração. A vós suplico, Sagrada Família, que me concedais a fé necessária para acreditar que... (pedir a graça desejada).

Pai-nosso.

Ave-Maria.

Glória-ao-Pai.

Jesus, Maria e José, dou-vos meu coração e a minha alma.

Jesus, Maria e José, minha família vossa é.

7º dia

Iniciemos com fé este sétimo dia de nossa novena, invocando a presença da Santíssima Trindade: em nome do Pai, do Filho e do Espírito Santo. Amém.

Leitura bíblica: Sl 62,6

Só em Deus minha alma está tranquila, / pois dele vem a minha esperança!

Reflexão

Nossa vida está em Deus, pois Ele é o alívio para nossas preocupações e angústias. Entreguemos nossa vida a Ele.

Oração

Sagrada Família, obrigada por seu amor por mim e por minha família. Libertai-me de toda a preocupação e ansiedade que sinto a respeito de meus filhos, meu(minha) marido(esposa). Obrigado(a) por amar minha família. Dai-me fé e paciência para esperar pelas respostas aos meus pedidos. Hoje eu vos peço... (fazer o pedido da graça a ser alcançada).

Pai-nosso.

Ave-Maria.

Glória-ao-Pai.

Jesus, Maria e José, dou-vos meu coração e a minha alma.

Jesus, Maria e José, minha família vossa é.

8º dia

Iniciemos com fé este oitavo dia de nossa novena, invocando a presença da Santíssima Trindade: em nome do Pai, do Filho e do Espírito Santo. Amém.

Leitura bíblica: Tg 5,16

[...] orai uns pelos outros para serdes curados. A oração fervorosa do justo tem grande poder.

Reflexão

Oremos com fé sempre: os pais pelos filhos e os filhos pelos pais; irmãos orem por irmãos. Oremos e peçamos que Deus os conduza, abençoe e proteja, segundo sua vontade, pois Ele sabe o que é melhor para todos.

Oração

Sagrada Família, ajudai-nos a crescer na prática da fé e oração. Vinde com vosso espírito sobre meu lar e removei os problemas existentes. Ajudai-me a alcançar a graça de que tanto necessito... (pedir a graça desejada).

Pai-nosso.

Ave-Maria.

Glória-ao-Pai.

Jesus, Maria e José, dou-vos meu coração e a minha alma.

Jesus, Maria e José, minha família vossa é.

9º dia

Iniciemos com fé este nono dia de nossa novena, invocando a presença da Santíssima Trindade: em nome do Pai, do Filho e do Espírito Santo. Amém.

Sagrada Família, confiando na vossa intercessão, vos peço:
- acolhei minha família;
- dignai-vos protegê-la;
- concedei-nos a paz necessária;
- ajudai-nos a praticar sempre o bem;
- ajudai-nos a colaborar com os pobres e necessitados;
- afastai de nós o rancor e a desunião;
- ensinai-nos a perdoar e reconciliar;
- dai-nos coragem perante os sofrimentos;
- despertai em nós a necessidade de propagar e viver conforme os ensinamentos divinos;
- concedei-nos a libertação de todo o mal;

- ajudai-nos a ter cada vez mais fé em Deus;
- ajudai-nos a estar sempre no caminho do bem, da verdade, da justiça, da paz e da esperança.

Sagrada Família, dai-me força, sabedoria e amor para irradiar a vossa luz. Obrigada por todas as graças a serem alcançadas.

Oração

Sagrada Família, imploro a vós a concessão da graça... (falar a graça que se deseja alcançar) com a certeza de que haveis de me atender. Amém.

Pai-nosso.

Ave-Maria.

Glória-ao-Pai.

Jesus, Maria e José, dou-vos meu coração e a minha alma.

Jesus, Maria e José, minha família vossa é.

4

ORAÇÕES À SAGRADA FAMÍLIA

Oração 1

Maria, Mãe de Jesus, a vós dirijo, com profunda fé e grande devoção, a minha súplica: abençoai meu marido e meus filhos, e alcançai para eles a proteção dos santos. Santa Maria, Mãe de Deus, rogai por nós. São José, pai adotivo, rogai por nós. Santo anjo da guarda, rogai por nós. Santa Maria Madalena, rogai por nós. Santo Agostinho, rogai por nós. Todos os santos e santas, rogai por nós. Virgem Santíssima, dê a minha família paz, harmonia, amizade, amor, alegria, saúde e coragem nas provações. Hoje vos peço esta graça... (fazer o pedido), tendo a certeza de que vou alcançá-la por vossa intercessão e pelo poder de vosso Divino Filho, Jesus Cristo. Amém.

Rezar um Pai-nosso, uma Ave-Maria e um Glória-ao-Pai.

Oração 2 – Para pedir a bênção da casa

Deus, Pai todo-poderoso, entrai neste lar e abençoai a todos os que nele moram. Afastai desta casa o espírito do mal e enviai os vossos santos anjos para guardá-la e defendê-la.

Reprimi, Senhor, as forças maléficas, venham elas das intempéries, dos homens ou do espírito maligno. Seja esta casa preservada de roubos e assaltos e defendida contra incêndios e tempestades, e que as forças do mal não perturbem o sossego da noite.

Que a vossa mãe protetora paire, dia e noite, sobre esta casa e que a vossa infinita bondade penetre nos corações de todos os que nela moram.

Que neste lar reine a paz duradoura, a tranquilidade e a caridade que une os corações. Que a saúde, a compreensão e a alegria sejam permanentes.

Senhor, que nunca falte o pão em nossa mesa, o alimento que dá energia ao nosso corpo e fortalecei o nosso ânimo e assim nos tornemos capazes de resolver todos os problemas, superar todas as dificuldades e cumprir as tarefas que as nossas obrigações diárias nos impõem. Que esta casa seja abençoada por Jesus, Maria e José, em nome do Pai, do Filho e do Espírito Santo. Amém.

Oração 3 – Proteção para seus familiares

Jesus, Maria, José, sagrada entre as sagradas famílias de toda a humanidade, rogai por nós. O amor do Filho, da Mãe e do Pai é o caminho da verdade e da vida que nos leva para os páramos celestes, ensinando-nos o meio de nos redimirmos de nossos desacertos ante o vosso sagrado exemplo. Jesus, Maria, José, que semearam a bondade entre os seres mais mesquinhos que já pisaram os mesmos caminhos que pisamos, fazei nascer em nossos corações a esperança, a fé e a caridade, para que possamos atingir um patamar mais elevado e que permita maior proximidade com o Reino do Céu. Ó Sagrada Família, que viveu em tempos de escuridão e não se abateu, que deram seguidas mostras de como proceder em tempos difíceis, fazei de nós merecedores de vosso afeto e que um dia estejamos juntos na casa do Santíssimo. Rogai pela nossa família por todos os séculos. Amém.

5

LADAINHA DA SAGRADA FAMÍLIA

Jesus, salvador do mundo,
Jesus, filho de Maria e irmão nosso,
Jesus, tesouro e delícia da Sagrada Família,
tende piedade de nós.

Santa Maria, rainha dos céus,
Santa Maria, Mãe de Jesus e nossa doce Mãe,
Santa Maria, ornamento e alegria da Sagrada Família,
São José, pai legal de Jesus,
São José, casto esposo de Maria,
São José, guia e amparo da Sagrada Família,
rogai por nós.

Sagrada Família, debaixo da proteção nos temos consagrado a Deus,
Sagrada Família, que temos tomado por modelo,
Sagrada Família, predileta do Pai celestial,

Sagrada Família, conduzida pelo Espírito Santo,
Sagrada Família, santificada pela presença do Filho de Deus,
Sagrada Família, terror do inferno,
Sagrada Família, asilo de todas as virtudes,
Sagrada Família, santuário da Divina Trindade,
Sagrada Família, precioso tabernáculo de Deus vivo,
Sagrada Família, escondida e ignorada sobre a terra,
Sagrada Família, pobre e laboriosa,
Sagrada Família, modelo de paciência e resignação,
Sagrada Família, alegria nas tribulações,
Sagrada Família, venerada pelos pastores,
Sagrada Família, honrada pelos magos,
Sagrada Família, por Herodes perseguida,
Sagrada Família, pelos judeus depreciada,
Sagrada Família, desejada pelos patriarcas,
Sagrada Família, pelos anjos respeitada,
Sagrada Família, modelo do todos os santos,
Sagrada Família, ornamento da celestial Jerusalém,
esteja sempre conosco.

Sede-nos propícia,
Socorrei-nos em todos os perigos da alma e do corpo,
Sede nosso refúgio contra os males que nos cercam,
Sede nossa força nos combates e provas,
Sede nosso forte muro contra os ataques do inimigo de nossa saúde,
Sede nossa esperança nesta vida e nosso consolo na hora da morte,
Sede eficaz protetora daqueles que vos invocam com verdadeira confiança,
Sede medianeira dos que morrem no Senhor e advogada dos pecadores perante o soberano Jesus,
Sede liberadora das almas detidas no purgatório e saúde dos que esperam em vós,
Sede sempre sustento dos débeis e ajuda dos imperfeitos,
Sede sempre protetora de nossa família e de toda a sociedade,
Sede sempre espelho dos cristãos, modelo dos justos,
Sede sempre consoladora dos aflitos e refúgio de vossos devotos,
Sede sempre apoio e defesa dos que se têm consagrado a vosso serviço,
Vos rogamos, ouvi-nos.

Vossa Sagrada Família, sede glorificada em todos os séculos.
Reinai para sempre em todos os corações.

Oração: Divino Salvador, bendigo todas as nossas obras, recompensai de uma maneira digna de Vós a todos os que trabalham por vossa glória, concedei a paz e a vida eterna a nossos irmãos mortos. Concedei também a vossos operários as graças que lhes são necessárias para a conversão dos pecadores, santificação dos justos e aumento de vossa família cristã, a fim de que sejais conhecido e glorificado por todas as criaturas com Maria e José e reinais em todos os corações, agora e sempre,
Ó Vós que viveis e reinais com Deus Pai, em unidade do Espírito Santo, por todos os séculos. Amém.

TERÇO DA FAMÍLIA

Para iniciar: faça o sinal da cruz.

Em seguida reze: Creio em Deus Pai todo-poderoso, criador do céu e da terra. E em Jesus Cristo, seu único Filho, Nosso Senhor, que foi concebido pelo poder do Espírito Santo, nasceu da Virgem Maria, padeceu sob Pôncio Pilatos, foi crucificado, morto e sepultado, desceu à mansão dos mortos, ressuscitou ao terceiro dia, subiu aos céus, onde está sentado à direita de Deus Pai todo-poderoso, donde há de vir a julgar os vivos e os mortos. Creio no Espírito Santo, na santa Igreja Católica, na comunhão dos santos, na remissão dos pecados, na ressurreição da carne, na vida eterna. Amém.

Nas contas grandes diga: Família que reza unida permanece unida.

Nas contas pequenas diga: Jesus, Maria e José. Minha família vossa é.

Ao final do terço reze: Salve Rainha, Mãe de Misericórdia, vida, doçura e esperança nossa, salve! A vós bradamos, os degredados filhos de Eva. A vós suspiramos, gemendo e chorando neste vale de lágrimas. Eia, pois, advogada nossa, esses vossos olhos misericordiosos a nós volvei. E depois desse desterro mostrai-nos Jesus, bendito fruto do vosso ventre, ó clemente, ó piedosa, ó doce sempre Virgem Maria. Rogai por nós Santa Mãe de Deus, para que sejamos dignos das promessas de Cristo. Amém.

**CULTURAL
CATEQUÉTICO PASTORAL
TEOLÓGICO ESPIRITUAL
REVISTAS
PRODUTOS SAZONAIS
VOZES NOBILIS
VOZES DE BOLSO**

CADASTRE-SE
www.vozes.com.br

EDITORA VOZES LTDA.
Rua Frei Luís, 100 – Centro – Cep 25689-900 – Petrópolis, RJ
Tel.: (24) 2233-9000 – Fax: (24) 2231-4676 – E-mail: vendas@vozes.com.br

UNIDADES NO BRASIL: Belo Horizonte, MG – Brasília, DF – Campinas, SP – Cuiabá, MT
Curitiba, PR – Florianópolis, SC – Fortaleza, CE – Goiânia, GO – Juiz de Fora, MG
Manaus, AM – Petrópolis, RJ – Porto Alegre, RS – Recife, PE – Rio de Janeiro, RJ
Salvador, BA – São Paulo, SP
UNIDADE NO EXTERIOR: Lisboa – Portugal